# Easy Air Fryer

# Kochbuch

Einfache und erschwingliche Rezepte für Einsteiger mit kleinem Budget. Grillen, braten und essen Sie jeden Tag leckere Mahlzeiten. Senken Sie Ihren Blutdruck und verbessern Sie Ihre Gesundheit.

Tanya Hackett

# Inhaltsverzeichnis

**EINFÜHRUNG** ................................................................8

HUHN CHILI VERDE ................................................ 15
ZITRONEN-CURRY-HUHN ....................................... 17
TÜRKEI JOINT ...................................................... 20
KORIANDER-TROMMELSTÖCKE ............................... 22
MOZZARELLA-PUTENBRÖTCHEN .............................. 24
PUTENBÄLLCHEN MIT SALBEI UND ZWIEBELN............ 26
TRUTHAHN-HACKBRATEN ...................................... 28
MAROKKANISCHES HUHN ....................................... 31
ZITRONIGE BRANZINI AUF DEM GRILL ..................... 33
CAJUN-GEWÜRZTER ZITRONENLACHS ...................... 35
GEGRILLTE LACHSFILETS ....................................... 37
KÄSIG PANIERTER LACHS ....................................... 39
CAJUN LACHS ...................................................... 41
SHRIMPS MIT KOKOSNUSSKRUSTE ........................... 43
GARNELEN IM REISMEHLMANTEL ............................ 45
GEBUTTERTE JAKOBSMUSCHELN ............................ 47
FISCHSTÄBCHEN .................................................. 49
BUTTERFORELLE .................................................. 51
PESTO-MANDEL-LACHS .......................................... 53
KNOBLAUCH-ZITRONE-GARNELE ............................. 55
LUFTGETROCKNETE KRABBENSTÄBCHEN ................. 57
E-Z WELS............................................................ 59
FISCH-NUGGETS ................................................... 61
GEGRILLTE GARNELE ............................................ 63
MIT HONIG UND SRIRACHA GEWÜRZTE CALAMARI...... 65
LACHSKROKETTEN ............................................... 68
SCHARFER KABELJAU ........................................... 70
LUFTGEBRATENE HUMMERSCHWÄNZE ..................... 72
AIR FRYER LACHS ................................................ 75
EINFACHE JAKOBSMUSCHELN ................................ 77
3-ZUTATEN-LUFTFRITEUSE WELS ........................... 80
WELS IN PEKANNUSSKRUSTE .................................. 82
FLIEGENDER FISCH .............................................. 84
FISCH-TACOS AUS DER FRITTEUSE .......................... 86
JAKOBSMUSCHELN IM SPECKMANTEL....................... 88
SCHNELL GEBRATENER WELS .................................. 90
LUFTGEBRATENE KRÄUTERGARNELE ...................... 92
CREMIGER LACHS AUS DER FRITTEUSE .................... 94

---

GEGRILLTE LIMETTEN-GARNELE ................................................. 96

PIKANTER LUFTGEFRORENER KÄSE-TILAPIA ................................. 98

KÄSE LACHS ................................................................................. 99

GEBACKENER LACHS & SPARGEL AUS DER HEIßLUFTFRITTEUSE ............. 100

PARMESAN GEBACKENER LACHS .................................................. 102

GEGRILLTE GARNELEN ................................................................. 104

PESTO JAKOBSMUSCHELN ........................................................... 105

CREMIGE PARMESAN-GARNELEN .................................................. 107

LECKERER KNOBLAUCHBUTTER-LACHS .......................................... 109

LACHS MIT MEERRETTICH ............................................................ 111

PESTO-GARNELE ......................................................................... 113

KNOBLAUCH-BUTTER-GARNELE .................................................... 115

**30-TAGE-MAHLZEITENPLAN** ...................................................**117**

Darüber hinaus wird die Übertragung, Vervielfältigung oder Reproduktion eines der folgenden Werke, einschließlich bestimmter Informationen, als illegale Handlung angesehen, unabhängig davon, ob sie elektronisch oder in gedruckter Form erfolgt. Dies gilt auch für die Erstellung einer Zweit- oder Drittkopie des Werkes oder einer aufgezeichneten Kopie und ist nur mit ausdrücklicher schriftlicher Genehmigung des Verlages erlaubt. Alle weiteren Rechte vorbehalten.

Die Informationen auf den folgenden Seiten werden im Großen und Ganzen als wahrheitsgemäße und genaue Darstellung von Tatsachen betrachtet, und als solche liegen alle daraus resultierenden Handlungen ausschließlich in der Verantwortung des Lesers, wenn er die Informationen nicht beachtet, verwendet oder missbraucht. Es gibt keine Szenarien, in denen der Herausgeber oder der ursprüngliche Autor dieses Werkes in irgendeiner Weise für Härten oder Schäden haftbar gemacht werden kann, die ihnen nach der Aufnahme der hier beschriebenen Informationen entstehen könnten.

Darüber hinaus dienen die Angaben auf den folgenden Seiten ausschließlich Informationszwecken und sind daher als allgemeingültig zu betrachten. Sie werden ihrer Natur entsprechend ohne Gewähr für ihre dauerhafte Gültigkeit oder Zwischenqualität präsentiert. Die Erwähnung von Warenzeichen erfolgt ohne schriftliche Zustimmung und kann in keiner Weise als Zustimmung des Warenzeicheninhabers gewertet werden.

# Einführung

Eine Luftfritteuse ist ein relativ neues Küchengerät, das sich bei den Verbrauchern als sehr beliebt erwiesen hat. Obwohl es viele verschiedene Varianten gibt, haben die meisten Luftfritteusen viele gemeinsame Merkmale. Sie haben alle Heizelemente, die heiße Luft zum Garen der Speisen zirkulieren lassen. Die meisten verfügen über vorprogrammierte Einstellungen, die den Benutzer bei der Zubereitung einer Vielzahl von Speisen unterstützen.

Das Frittieren an der Luft ist eine gesündere Art des Kochens, da es weniger Öl als die traditionellen Frittiermethoden verwendet. Während der Geschmack und die Qualität der Lebensmittel erhalten bleiben, wird die Menge des beim Kochen verwendeten Fetts reduziert. Das Frittieren an der Luft ist eine gängige Methode zum "Braten" von Lebensmitteln, die hauptsächlich aus Eiern und Mehl bestehen. Diese Lebensmittel können mit dieser Methode je nach Vorliebe weich oder knusprig sein.

So funktionieren Luftfritteusen

Luftfritteusen verwenden ein Gebläse, um heiße Luft um die Lebensmittel zu zirkulieren. Die heiße Luft erwärmt die Feuchtigkeit auf den Lebensmitteln, bis sie verdampft und Dampf entsteht. Wenn sich der Dampf um das Gargut herum aufbaut, entsteht ein Druck, der die Feuchtigkeit von der Oberfläche des Garguts abzieht und von der Mitte wegdrückt, wodurch kleine Blasen entstehen. Durch die Bläschen entsteht eine Luftschicht, die das Gargut umgibt und eine knusprige Kruste erzeugt.

Auswahl einer Heißluftfritteuse

Suchen Sie bei der Auswahl einer Heißluftfritteuse nach einer, die gute Bewertungen zur Kundenzufriedenheit hat. Beginnen Sie mit den Funktionen, die Sie benötigen, wie z. B. Leistung, Kapazitätsgröße und Zubehör. Suchen Sie nach einem Gerät, das einfach zu bedienen ist. Einige Luftfritteusen auf dem Markt haben einen eingebauten Timer und eine einstellbare Temperatur. Suchen Sie nach einem Gerät mit einem Trichter zum Auffangen von Fett, einem spülmaschinenfesten Korb und leicht zu reinigenden Teilen.

Wie man eine Heißluftfritteuse benutzt

Um beste Ergebnisse zu erzielen, heizen Sie die Luftfritteuse 10 Minuten lang auf 400 F vor. Durch das Vorheizen der Luftfritteuse erreicht diese schneller die richtige Temperatur. Außerdem ist das Vorheizen der Heißluftfritteuse wichtig, um sicherzustellen, dass Ihr Essen nicht anbrennt.

Wie man Sachen in einer Luftfritteuse zubereitet

Wenn Sie noch keine Heißluftfritteuse haben, können Sie mit Ihren Öfen spielen, indem Sie ein paar tiefgefrorene Pommes frites hineinwerfen und sie garen, bis sie gleichmäßig gebräunt sind. Je nach Ofen sollten Sie einen Blick auf die Temperatur werfen. Möglicherweise müssen Sie die Zeit erhöhen oder verringern.

Welche Lebensmittel können Sie in einer Heißluftfritteuse zubereiten?

Eier: Sie können zwar Eier in einer Heißluftfritteuse kochen, aber wir raten davon ab, da Sie die Garzeit und Temperatur nicht so genau kontrollieren können wie bei einer traditionellen Bratpfanne oder Pfanne. Es ist viel einfacher, ungleichmäßig gekochte Eier zu bekommen. Außerdem können Sie keine Saucen oder Gewürze hinzugeben und Sie erhalten keine knusprigen, goldbraunen Ränder.

Gefrorene Lebensmittel: Im Allgemeinen werden gefrorene Lebensmittel am besten im herkömmlichen Ofen gegart, da sie eine bestimmte Temperatur erreichen müssen, um richtig gegart zu werden. Die Luftfritteuse ist nicht in der Lage, Temperaturen zu erreichen, die dazu führen, dass die Lebensmittel vollständig gegart werden.

Dehydrierte Lebensmittel: Dehydrierte Lebensmittel müssen frittiert werden, was Sie mit einer Heißluftfritteuse nicht tun können. Wenn es um das Garen von dehydrierten Lebensmitteln geht, ist die Heißluftfritteuse nicht die beste Option.

Gemüse: Sie können Gemüse in einer Heißluftfritteuse garen, aber Sie müssen darauf achten, dass die Heißluftfritteuse nicht auf eine Temperatur eingestellt ist, bei der das Gemüse verbrennt.

Um sicherzustellen, dass Ihr Gemüse nicht verkocht, starten Sie die Fritteuse mit ausgeschaltetem Korb und werfen Sie das Gemüse ein, sobald sich die Luft erwärmt hat und keine kalten Stellen mehr vorhanden sind.

Achten Sie darauf, das Gemüse alle paar Minuten umzurühren. Das Garen im Korb ist auch eine Option, aber es kann ein wenig zusammenkleben.

Pommes frites: Das Frittieren von Pommes frites in einer Luftfritteuse ist eine gute Möglichkeit, knusprige, goldbraune Pommes frites zu erhalten, ohne viel Öl hinzuzufügen. Im Vergleich zum herkömmlichen Frittieren liefert das Luftfritieren weniger Kalorien.

Um Pommes frites in einer Heißluftfritteuse zu garen, verwenden Sie einen Korb oder ein Gestell und gießen Sie so viel Öl ein, dass die Pommes frites etwa bis zur Hälfte der Höhe reichen. Die besten Ergebnisse erzielen Sie, wenn die Pommes frites gefroren sind. Schalten Sie die Luftfritteuse auf 400 Grad und stellen Sie sie auf 12 Minuten ein. Wenn Sie die Pommes besonders knusprig haben möchten, können Sie sie auf 18 Minuten einstellen, aber sie könnten dann etwas anbrennen.

Vorteile einer Luftfritteuse:

- Es ist eine der einfachsten Möglichkeiten, gesunde Lebensmittel zu kochen. Wenn Sie ihn 4-5 Mal pro Woche verwenden, ist er eine gesündere Option als das Braten mit Öl in Ihrem herkömmlichen Ofen oder die Verwendung von Konserven.

- Gerichte aus der Heißluftfritteuse sind eine einfache Möglichkeit, schmackhaftes Essen zu servieren, das nicht viel Platz einnimmt. In der Heißluftfritteuse können Sie dreimal so viel Essen zubereiten wie in Ihrer Mikrowelle.

- Luftfritteusen haben eine kleine Stellfläche und Sie können sie in einem Schrank verstauen, wenn sie nicht in Gebrauch sind.

-Sie sind vielseitige Küchengeräte. Sie können sie zum Kochen von Speisen zum Mittag- und Abendessen sowie für Snacks verwenden.

- Luftfritteusen erfordern wenig bis gar keine Aufregung in der Küche. Sie können sie mit aufgesetztem Deckel verwenden, was bedeutet, dass weniger Abwasch anfällt.

# Huhn Chili Verde

Zubereitungszeit: 10 Minuten

Kochzeit: 25 Minuten

Portionen: 6

Zutaten:

1 Pfund Hähnchenbrüste oder -schenkel

2 ½ Teelöffel Kreuzkümmel, gemahlen

3 ¼ eines Teelöffels Knoblauchpulver

4 Unzen Salsa verde

5 Salz und Pfeffer, nach Geschmack

Wegbeschreibung:

- Legen Sie das Hähnchenfleisch in den Kocher. Mit den Gewürzen bestreuen und die Salsa darüber gießen.
- Stellen Sie den Druck auf hoch und kochen Sie für 25 Minuten.
- Nach dieser Zeit lassen Sie den Druck schnell ab. Zerkleinern Sie das Fleisch im Topf mit zwei Gabeln und mischen Sie es mit dem Bratensaft und der Salsa. Schmecken Sie die Gewürze ab und passen Sie sie nach Bedarf an.

Ernährung:

Kal.: 206

Fett gesamt: 4,8 g

Kohlenhydrate gesamt: 3,9 g

Proteine: 33 g

# Zitronen-Curry-Huhn

Zubereitungszeit: 5 Minuten

Kochzeit: 35 Minuten

Portionen: 6

Zutaten:

1   1 Dose Kokosnussmilch

2   ¼ Tasse frisch gepresster Zitronensaft

3   1 Esslöffel Currypulver

4   1 Teelöffel Kurkuma

5   Pfund Hähnchenschenkel und/oder -brüste

Wegbeschreibung:

- Vermengen Sie in einem Messbecher (oder einer Schüssel: aber der Becher macht es später einfacher) die Kokosmilch, die Gewürze und den Zitronensaft.

- Gießen Sie zunächst ein wenig von der Kokosmilchmischung in den Topf. Legen Sie das Fleisch darüber und bedecken Sie es mit dem Rest der Milch. Kümmern Sie sich nicht um kleine Klumpen in der Creme. Schließen Sie den Deckel und versiegeln Sie das Ventil.

- Wählen Sie die Einstellung "Geflügel" und stellen Sie den Druck auf hoch und den Timer auf 15 Minuten. Fügen Sie 10 zusätzliche Minuten hinzu, wenn Sie gefrorenes Hähnchenfleisch verwenden.

- Sobald es fertig gegart ist, lassen Sie den Druck schnell ab. Prüfen Sie das Hähnchen, indem Sie durch den dicksten Teil schneiden: Sie sollten keine rosa Farbe sehen. Wenn es rosa aussieht, schließen Sie den Deckel wieder, wählen Sie erneut hohen Druck und kochen Sie weitere 10-15 Minuten.

- Wenn das Huhn durchgegart ist, zerkleinern Sie es mit zwei Gabeln, ohne es aus dem Topf zu nehmen. Mischen Sie es gut mit der Sauce. Wenn es sich im Topf schwer manövrieren lässt, nehmen Sie das Fleisch auf den Teller und geben Sie es zerkleinert in die Sauce. Schmecken Sie die Würzung ab und passen Sie sie bei Bedarf mit Salz und Pfeffer an.

- Dieses Hähnchen passt hervorragend zu Ihrem Lieblingsgemüse: gebraten oder gedünstet!

Ernährung:

Cal.: 615

Fett: 25,2 g

Kohlenhydrate: 3,3 g

Eiweiß: 89,6 g

# Türkei Joint

Zubereitungszeit: 10 Minuten

Kochzeit: 11 Minuten

Portionen: 6

Zutaten:

1   lb. Putenbrust

2   Esslöffel geschmolzene Butter

3   Zehen Knoblauch

4   1 Teelöffel Thymian

5   1 Teelöffel Rosmarin

Wegbeschreibung:

- Erhitzen Sie die Fritteuse auf 375° Fahrenheit.
- Tupfen Sie die Putenbrust trocken. Den Knoblauch hacken und den Rosmarin und Thymian hacken.
- Schmelzen Sie die Butter und mischen Sie sie mit Knoblauch, Thymian und Rosmarin in einer kleinen Rührschüssel. Streichen Sie die Butter über die Putenbrust.

- Mit der Hautseite nach oben in den Korb der Heißluftfritteuse legen und 40 Minuten lang garen, bis die Innentemperatur 160° Fahrenheit erreicht hat.
- Warten Sie vor dem Schneiden fünf Minuten.

Ernährung:

Kalorien: 321 kcal

Eiweiß: 34,35 g

Fett: 19.32 g

Kohlenhydrate: 0.56 g

# Koriander-Trommelstöcke

Zubereitungszeit: 12 Minuten

Kochzeit: 18 Minuten

Portionen: 4

Zutaten:

1  Hühnerkeulen

2  ½ Tasse Chimichurri-Sauce

3  ¼ Tasse Zitronensaft

Wegbeschreibung:

- Bestreichen Sie die Hähnchenkeulen mit der Chimichurri-Sauce und kühlen Sie sie in einem luftdichten Behälter mindestens eine Stunde lang, idealerweise über Nacht.
- Wenn es Zeit zum Kochen ist, heizen Sie Ihre Fritteuse auf 400°F vor.
- Nehmen Sie das Hähnchen aus dem Kühlschrank und lassen Sie es für etwa zwanzig Minuten auf Raumtemperatur kommen.
- Achtzehn Minuten in der Fritteuse garen. Nach Belieben mit Zitronensaft beträufeln und genießen.

Ernährung:

Kalorien: 452 kcal

Eiweiß: 49,16 g

Fett: 25.53 g

Kohlenhydrate: 3.52 g

# Mozzarella-Putenbrötchen

Zubereitungszeit: 10 Minuten

Kochzeit: 10 Minuten

Portionen: 4

Zutaten:

1  Scheiben Putenbrust

2  1 Tasse in Scheiben geschnittener frischer Mozzarella

3  1 Tomate, in Scheiben geschnitten

4  ½ Tasse frisches Basilikum

5  Schnittlauchsprossen

Wegbeschreibung:

- Heizen Sie Ihre Heißluftfritteuse auf 390°F vor.
- Legen Sie die Scheiben Mozzarella, Tomate und Basilikum auf jede Putenscheibe.
- Rollen Sie den Truthahn auf, so dass die Füllung gut eingeschlossen ist, und sichern Sie ihn, indem Sie a Schnittlauchsprossen um jeden einzelnen binden.
- In die Heißluftfritteuse geben und 10 Minuten lang garen. Nach Wunsch mit einem Salat servieren.

Ernährung:

Kalorien: 3616 kcal

Eiweiß: 506,27 g

Fett: 160.48 g

Kohlenhydrate: 1.21 g

# Putenbällchen mit Salbei und Zwiebeln

Zubereitungszeit: 25 Minuten

Kochzeit: 15 Minuten

Portionen: 2

Zutaten:

    a. oz. Putenhackfleisch

2 ½ kleine Zwiebel, gewürfelt

3 1 mittleres Ei

4 1 Teelöffel Salbei

5 ½ Teelöffel Knoblauch, püriert

6 Esslöffel freundliches Paniermehl

7 Salz nach Geschmack

8 Pfeffern nach Geschmack

Wegbeschreibung:

- Geben Sie alle Zutaten in eine Schüssel und vermischen Sie sie gut.

- Nehmen Sie gleiche Portionen der Mischung und formen Sie jede zu einer kleinen Kugel. Übertragen Sie sie in die Heißluftfritteuse und garen Sie sie 15 Minuten lang bei 350°F.

- Mit Sauce Tartar und Kartoffelpüree servieren.

Ernährung:

Kalorien: 516 kcal

Eiweiß: 22,1 g

Fett: 30.22 g

Kohlenhydrate: 37.75 g

# Truthahn-Hackbraten

Zubereitungszeit: 10 Minuten

Kochzeit: 40 Minuten

Portionen: 4

Zutaten:

1  2/3 Tasse fein gehackte Walnüsse

2  1 Ei

3  1 Esslöffel Bio-Tomatenmark

4  1 ½ lb. Putenbrust, gewürfelt

5  1 Esslöffel Dijon-Senf

6 ½ Teelöffel getrocknetes Bohnenkraut oder Dill

7 1 Esslöffel Zwiebelflocken

8 ½ Teelöffel gemahlener Piment

9 1 kleine Knoblauchzehe, gehackt

10 ½ Teelöffel Meersalz

11 ¼ Teelöffel schwarzer Pfeffer

12 1 Esslöffel flüssige Aminosäuren

13 Esslöffel geriebener Parmesankäse

Wegbeschreibung:

- Heizen Sie die Heißluftfritteuse auf 375°F vor.

- Streichen Sie die Innenseite einer Auflaufform mit etwas Öl ein.

- Verrühren Sie das Ei, Dill, Tomatenmark, flüssige Aminosäuren, Senf, Salz, Dill, Knoblauch, Pfeffer und Piment mit einem Schneebesen. Rühren Sie die Putenwürfel ein, gefolgt von den Walnüssen, dem Käse und den Zwiebelflocken.

- Übertragen Sie die Mischung in die gefettete Auflaufform und backen Sie sie 40 Minuten lang in der Air Fryer.

- Heiß servieren.

Ernährung:

Kalorien: 432 kcal

Eiweiß: 44,43 g

Fett: 25.61 g

Kohlenhydrate: 5.18 g

# Marokkanisches Huhn

Zubereitungszeit: 15 Minuten

Kochzeit: 15 Minuten

Portionen: 2

Zutaten:

1. ½ Pfund geschreddertes Huhn
2. 1 Tasse Brühe
3. 1 Karotte
4. 1 Brokkoli, zerkleinert
5. Prise Zimt
6. Prise Kreuzkümmel
7. Prise roter Pfeffer
8. Prise Meersalz

Wegbeschreibung:

- In a Schüssel das zerkleinerte Hähnchen mit Kreuzkümmel, rotem Pfeffer, Meersalz und Zimt bedecken.
- Schneiden Sie die Karotten in kleine Stücke. Geben Sie die Karotte und den Brokkoli in die Schüssel mit dem Huhn.
- Die Brühe hinzufügen und alles gut umrühren. Für etwa 30 Minuten beiseite stellen.

- In die Heißluftfritteuse geben. Etwa 15 Minuten bei 390°F garen. Heiß servieren.

Ernährung:

Kalorien: 212 kcal

Eiweiß: 30,03 g

Fett: 7,1 g

Kohlenhydrate: 5.96 g

# Zitronige Branzini auf dem Grill

**Zubereitungszeit:** 5 Minuten

**Kochzeit:** 15 Minuten

**Portionen:** 4

**Zutaten:**

1 Branzini-Filets

2 Salz und Pfeffer nach Geschmack

3 Zitronen, Saft frisch gepresst

4 Orangen, Saft frisch gepresst

Wegbeschreibung:

- Geben Sie alle Zutaten in einen Ziploc-Beutel. Bewahren Sie ihn 2 Stunden lang im Kühlschrank auf.
- Heizen Sie die Heißluftfritteuse auf 3900F vor.
- Setzen Sie den Grillpfannenaufsatz in die Heißluftfritteuse ein.
- Legen Sie den Fisch auf die Grillpfanne und garen Sie ihn 15 Minuten lang, bis der Fisch flockig ist.

**Ernährung:**

Kalorien: 318;

Kohlenhydrate: 20.8g;

Eiweiß: 23,5 g;

Fett: 15.6g

# Cajun-gewürzter Zitronenlachs

**Zubereitungszeit:** 5 Minuten

**Kochzeit:** 10 Minuten

**Portionen:** 4

**Zutaten:**

1   1 Lachsfilet

2   1 Teelöffel Cajun-Gewürz

3   Zitronenspalten, zum Servieren

4   1 Teelöffel flüssiges Stevia

5   ½ Zitrone, saftig

## Wegbeschreibung:

- Heizen Sie Ihre Heißluftfritteuse auf 350°Fahrenheit vor. Kombinieren Sie Zitronensaft und flüssiges Stevia und bestreichen Sie den Lachs mit dieser Mischung. Cajun-Gewürz über den Lachs streuen. Den Lachs auf Pergamentpapier in die Fritteuse legen und 7 Minuten lang garen. Mit Zitronenspalten servieren.

## Ernährung:

Kalorien: 287,

Fett gesamt: 9,3 g,

Kohlenhydrate: 8.4g,

Eiweiß: 15.3g

# Gegrillte Lachsfilets

**Zubereitungszeit:** 5 Minuten

**Kochzeit:** 10 Minuten

**Portionen:** 4

**Zutaten:**

1  Lachsfilets

2  Esslöffel Olivenöl

3  1/3 Tasse helle Sojasauce

4  1/3 Tasse Wasser

5  Salz und schwarzer Pfeffer nach Geschmack

## Wegbeschreibung:

- Würzen Sie die Lachsfilets mit Salz und Pfeffer. Mischen Sie die restlichen Zutaten in einer Schüssel. Lassen Sie die Lachsfilets 2 Stunden lang in der Mischung marinieren. Heizen Sie Ihre Heißluftfritteuse 5 Minuten lang auf 355°Fahrenheit vor. Lachsfilets abtropfen lassen und 8 Minuten lang frittieren.

## Ernährung:

Kalorien: 302,

Fett gesamt: 8,6 g,

Kohlenhydrate: 7.3g,

Eiweiß: 15.3g

# Käsig panierter Lachs

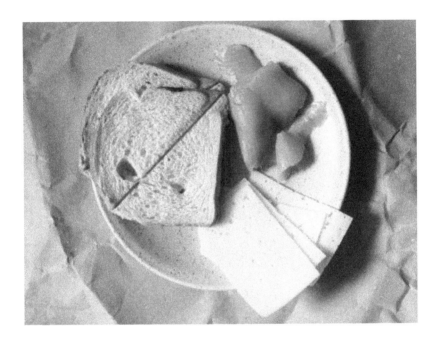

**Zubereitungszeit:** 5 Minuten

**Kochzeit:** 20 Minuten

**Portionen:** 4

**Zutaten:**

1   Tassen Paniermehl

2   Lachsfilets

3   Eier, verquirlt

4   1 Tasse Schweizer Käse, geraspelt

**Wegbeschreibung:**

- Heizen Sie Ihre Heißluftfritteuse auf 390°Fahrenheit vor. Tauchen Sie jedes Lachsfilet in die Eier. Mit Schweizer Käse belegen. In Semmelbrösel tauchen, sodass der gesamte Fisch bedeckt ist. In eine ofenfeste Form geben und 20 Minuten lang garen.

**Ernährung:**

Kalorien: 296,

Fett gesamt: 9,2 g,

Kohlenhydrate: 8.7g,

Eiweiß: 15.2g

# Cajun Lachs

**Zubereitungszeit:** 5 Minuten

**Kochzeit:** 10 Minuten

**Portionen:** 4

**Zutaten:**

1  1 Lachsfilet

2  Cajun-Würze

3  Saft einer halben Zitrone, zum Servieren

**Wegbeschreibung:**

- Heizen Sie Ihre Heißluftfritteuse auf 355°Fahrenheit vor. Streuen Sie Cajun-Gewürz über den Fisch. Garen Sie den Fisch 7 Minuten lang mit der Hautseite nach oben in der Grillpfanne. Drücken Sie den Zitronensaft über den Fisch und servieren Sie ihn.

**Ernährung:**

Kalorien: 298,

Fett gesamt: 8,9 g,

Kohlenhydrate: 7.6g,

Eiweiß: 15.4g

# Shrimps mit Kokosnusskruste

**Zubereitungszeit:** 15 Minuten

**Kochzeit:** 40 Minuten

**Portionen:** 4

**Zutaten:**

1   Unzen Kokosnussmilch

2   ½ Tasse gezuckerte Kokosnuss, geraspelt

3   ½ Tasse Panko Paniermehl

4   1 Pfund große Garnelen, geschält und entdarmt

5   Salz und schwarzer Pfeffer, nach Geschmack

**Wegbeschreibung:**

- Heizen Sie die Heißluftfritteuse auf 350 o F vor und fetten Sie einen Heißluftfritteurkorb ein.

- Geben Sie die Kokosnussmilch in eine flache Schüssel.

- Mischen Sie Kokosnuss, Semmelbrösel, Salz und schwarzen Pfeffer in einer anderen Schüssel.

- Tauchen Sie jede Garnele in die Kokosmilch und anschließend in die Kokosnussmischung.

- Legen Sie die Hälfte der Shrimps in den Airfryer-Korb und garen Sie sie ca. 20 Minuten.

- Die Garnelen auf Serviertellern anrichten und mit der restlichen Mischung zum Servieren wiederholen.

**Ernährung:**

Kalorien: 408,

Fette: 23,7 g,

Kohlenhydrate: 11.7g,

Zucker: 3,4 g,

Proteine: 31g,

# Garnelen im Reismehlmantel

**Zubereitungszeit:** 20 Minuten

**Kochzeit:** 20 Minuten

**Portionen:** 3

**Zutaten:**

1  Esslöffel Reismehl

2  1 Pfund Garnelen, geschält und entdarmt

3  Esslöffel Olivenöl

4  1 Teelöffel Puderzucker

5  Salz und schwarzer Pfeffer, je nach Bedarf

**Wegbeschreibung:**

- Heizen Sie die Heißluftfritteuse auf 325 o F vor und fetten Sie einen Heißluftfritteurkorb ein.

- Reismehl, Olivenöl, Zucker, Salz und schwarzen Pfeffer in einer Schüssel mischen.

- Rühren Sie die Shrimps ein und geben Sie die Hälfte der Shrimps in den Airfryer-Korb.

- Etwa 10 Minuten garen, zwischendurch einmal wenden.

- Verteilen Sie die Mischung auf Servierplatten und wiederholen Sie den Vorgang mit der restlichen Mischung.

**Ernährung:**

Kalorien: 299,

Fett: 12g,

Kohlenhydrate: 11.1g,

Zucker: 0,8 g,

Eiweiß: 35g,

Natrium: 419mg

# Gebutterte Jakobsmuscheln

**Zubereitungszeit:** 15 Minuten

**Kochzeit:** 4 Minuten

**Portionen:** 2

**Zutaten:**

1   ¾ Pfund Jakobsmuscheln, gesäubert und sehr trocken getupft

2   1 Esslöffel Butter, geschmolzen

3   ½ Esslöffel frischer Thymian, gehackt

4   Salz und schwarzer Pfeffer, je nach Bedarf

**Wegbeschreibung:**

- Heizen Sie die Heißluftfritteuse auf 390 o F vor und fetten Sie einen Heißluftfritteurkorb ein.
- Mischen Sie Jakobsmuscheln, Butter, Thymian, Salz und schwarzen Pfeffer in einer Schüssel.
- Legen Sie die Jakobsmuscheln in den Korb der Heißluftfritteuse und garen Sie sie ca. 4 Minuten.
- Die Jakobsmuscheln auf einer Platte anrichten und heiß servieren.

**Ernährung:**

Kalorien: 202,

Fett: 7.1g,

Kohlenhydrate: 4.4g,

Zucker: 0g,

Eiweiß: 28,7 g,

# Fischstäbchen

**Zubereitungszeit:** 5 Minuten

**Kochzeit:** 20 Minuten

**Portionen:** 4

**Zutaten:**

1   1 lb. Kabeljaufilet; in 3/4-Zoll-Streifen geschnitten

2   1 oz. Schweineschwarten, fein gemahlen

3   1 großes Ei.

4   ¼ Tasse blanchiertes, fein gemahlenes Mandelmehl.

5   1 Esslöffel Kokosnussöl

**Wegbeschreibung:**

- Geben Sie gemahlene Schweineschwarten, Mandelmehl und Kokosnussöl in eine große Schüssel und mischen Sie sie. Nehmen Sie eine mittlere Schüssel, schlagen Sie das Ei

- Tauchen Sie jedes Fischstäbchen in das Ei und bestreichen Sie es dann mit der Mehlmischung, so dass es so vollständig und gleichmäßig wie möglich bedeckt ist. Fischstäbchen in den Korb der Heißluftfritteuse legen

- Stellen Sie die Temperatur auf 400 °F ein und stellen Sie den Timer für 10 Minuten oder bis zur Vergoldung ein. Sofort servieren.

**Ernährung:**

Kalorien: 205;

Eiweiß: 24,4 g;

Ballaststoffe: 0,8 g;

Fett: 10.7g;

Kohlenhydrate: 1.6g

# Butterforelle

**Zubereitungszeit:** 5 Minuten

**Kochzeit:** 20 Minuten

**Portionen:** 4

**Zutaten:**

1. Forellenfilets; ohne Gräten

2. Saft von 1 Limette

3. 1 Esslöffel Petersilie; gehackt.

4. Esslöffel Butter; geschmolzen

5. Mit Salz und schwarzem Pfeffer abschmecken.

**Wegbeschreibung:**

- Mischen Sie die Fischfilets mit der geschmolzenen Butter, Salz und Pfeffer, reiben Sie sie leicht ein, legen Sie den Fisch in den Korb Ihrer Luftfritteuse und garen Sie ihn bei 390°F für 6 Minuten auf jeder Seite.

- Auf Teller verteilen und mit Limettensaft beträufelt und mit Petersilie bestreut servieren.

**Ernährung:**

Kalorien: 221;

Fett: 11g;

Ballaststoffe: 4g;

Kohlenhydrate: 6g;

Eiweiß: 9g

# Pesto-Mandel-Lachs

**Zubereitungszeit:** 5 Minuten

**Kochzeit:** 15 Minuten

**Portionen:** 4

**Zutaten:**

1. 2: 1 ½-Zoll-Dicklachsfilets: je ca. 4 oz.
2. ¼ Tasse gehackte Mandeln, grob zerkleinert
3. ¼ Tasse Pesto
4. Esslöffel ungesalzene Butter; geschmolzen.

**Wegbeschreibung:**

- In einer kleinen Schüssel Pesto und Mandeln mischen. Beiseite stellen. Legen Sie die Filets in eine runde Auflaufform mit 6 Zoll Durchmesser.

- Jedes Filet mit Butter bestreichen und die Hälfte der Pesto-Mischung auf die Oberseite jedes Filets geben. Legen Sie das Gericht in den Korb der Fritteuse. Ändern Sie die Temperatur auf 390 ° F und stellen Sie den Timer für 12 Minuten ein

- Der Lachs ist leicht flockig, wenn er vollständig gegart ist und eine Innentemperatur von mindestens 145 Grad F erreicht hat.

**Ernährung:**

Kalorien: 433;

Eiweiß: 23,3 g;

Ballaststoffe: 2,4 g;

Fett: 34.0g;

Kohlenhydrate: 6.1g

# Knoblauch-Zitrone-Garnele

**Zubereitungszeit:** 5 Minuten

**Kochzeit:** 10 Minuten

**Portionen:** 4

**Zutaten:**

1. 8 oz. mittlere geschälte und entdachte Garnelen

2. 1 mittelgroße Zitrone.

3. 2 Esslöffel ungesalzene Butter; geschmolzen.

4. ½ Teelöffel gehackter Knoblauch

5. ½ Teelöffel Old Bay Gewürz

**Wegbeschreibung:**

- Schälen Sie die Zitrone und halbieren Sie sie dann. Garnelen in eine große Schüssel geben und den Saft von ½ Zitrone darüber auspressen.

- Geben Sie die Zitronenschale zusammen mit den restlichen Zutaten in die Schüssel. Krabben schwenken, bis sie vollständig bedeckt sind

- Gießen Sie den Inhalt der Schüssel in eine runde 6-Zoll-Backform. In den Korb der Fritteuse legen.

- Stellen Sie die Temperatur auf 400 Grad F und den Timer auf 6 Minuten ein. Die Shrimps sind leuchtend rosa, wenn sie vollständig gegart sind. Warm mit der Pfannensauce servieren.

**Ernährung:**

Kalorien: 190;

Eiweiß: 16,4 g;

Ballaststoffe: 0,4 g;

Fett: 11.8g;

Kohlenhydrate: 2.9g

# Luftgetrocknete Krabbenstäbchen

**Zubereitungszeit:** 5 Minuten

**Kochzeit:** 10 Minuten

**Portionen:** 4

**Zutaten:**

1. Krabbenstäbchen: 1 Packung

2. Speiseölspray: nach Bedarf

**Wegbeschreibung:**

- Nehmen Sie jedes der Stäbchen aus der Verpackung und rollen Sie es flach aus. Reißen Sie die Blätter in drei Teile.

- Ordnen Sie sie auf einem Teller an und besprühen Sie sie leicht mit Kochspray. Stellen Sie den Timer für 10 Minuten ein.
- Hinweis: Wenn Sie das Krabbenfleisch zerkleinern; können Sie die Zeit halbieren, aber sie werden auch leicht durch die Löcher im Korb fallen.

**Ernährung:**

Kalorien: 220

Kohlenhydrate: 11 g

Fett: 13 g

Eiweiß: 23 g

# E-Z Wels

**Zubereitungszeit:** 5 Minuten

**Kochzeit:** 25 Minuten

**Portionen:** 3

**Zutaten:**

1. Olivenöl: 1 Esslöffel.

2. Gewürzte Fischbratlinge: .25 Tasse

3. Wels-Filets: 4

Wegbeschreibung:

- Bereiten Sie die Fritteuse auf 400° Fahrenheit vor.

- Waschen Sie den Fisch zunächst und trocknen Sie ihn mit einem Papiertuch ab.

- Schütten Sie die Gewürze in einen großen Beutel mit Reißverschluss. Fügen Sie den Fisch hinzu und schütteln Sie ihn, um jedes Filet zu bedecken. Mit einem Spritzer Speiseölspray besprühen. In den Korb legen.

- Stellen Sie den Timer für zehn Minuten ein. Wenden und den Timer für weitere zehn Minuten einstellen. Noch einmal wenden und zwei bis drei Minuten garen.

- Sobald es die gewünschte Knusprigkeit erreicht hat, übertragen Sie es zum Servieren auf einen Teller.

**Ernährung:**

Kalorien: 290

Kohlenhydrate: 14 g

Fett: 16 g

Eiweiß: 30 g

# Fisch-Nuggets

**Zubereitungszeit:** 5 Minuten

**Kochzeit:** 20 Minuten

**Portionen:** 4

**Zutaten:**

1. Kabeljaufilet: 1 lb.

2. Eier: 3

3. Olivenöl: 4 Esslöffel.

4. Mandelmehl: 1 Tasse

5. Glutenfreies Paniermehl: 1 Tasse

**Wegbeschreibung:**

- Stellen Sie die Temperatur der Heißluftfritteuse auf 390º Fahrenheit ein.

---

- Schneiden Sie den Kabeljau in Nuggets.

- Bereiten Sie drei Schalen vor. Schlagen Sie die Eier in eine. Kombinieren Sie das Öl und Semmelbrösel in einem anderen. Die letzte wird Mandelmehl sein.

- Bedecken Sie die Nuggets jeweils mit dem Mehl, einem Tauchbad in den Eiern und den Semmelbröseln.

- Ordnen Sie die vorbereiteten Nuggets im Korb an und stellen Sie den Timer für 20 Minuten ein. Servieren.

**Ernährung:**

Kalorien: 220

Kohlenhydrate: 10 g

Fett: 12 g

Eiweiß: 23 g

# Gegrillte Garnele

**Zubereitungszeit:** 5 Minuten

**Kochzeit:** 10 Minuten

**Portionen:** 4

**Zutaten:**

1. Mittlere Garnelen/Krabben: 8

2. Geschmolzene Butter: 1 Esslöffel

3. Rosmarin: 1 Zweig

4. Pfeffer und Salz: nach Belieben

5. Gehackte Knoblauchzehen: 3

**Wegbeschreibung:**

- Kombinieren Sie alle Zutaten in einer Rührschüssel. Gut durchmischen und im Frittierkorb anrichten.
- Stellen Sie den Timer für 7 Minuten ein: 356º Fahrenheit und servieren.

**Ernährung:**

Kalorien: 180

Kohlenhydrate: 2 g

Fett: 10 g

Eiweiß: 15 g

# Mit Honig und Sriracha gewürzte Calamari

**Zubereitungszeit:** 10 Minuten

**Kochzeit:** 20 Minuten

**Portionen:** 2

**Zutaten:**

1. Calamari-Röhren - Tentakel, wenn Sie bevorzugen: .5 lb.
2. Club Soda: 1 Tasse
3. Mehl: 1 Tasse
4. Salz - roter Pfeffer & schwarzer Pfeffer: je 2 Spritzer

5. Honig: 0,5 Tasse + 1-2 Esslöffel Sriracha

**Wegbeschreibung:**

- Spülen Sie die Calamari gründlich ab und tupfen Sie sie mit einem Bündel Papiertücher trocken. Schneiden Sie sie in Ringe (0,25 cm breit). Schütten Sie die Ringe in eine Schüssel. Gießen Sie das Sodawasser hinzu und rühren Sie um, bis alle untergetaucht sind. Warten Sie etwa 10 Minuten.

- Sieben Sie das Salz, Mehl, roten und schwarzen Pfeffer. Stellen Sie es zunächst beiseite.

- Die Calamari in der Mehlmischung wälzen und bis zum Braten auf eine Platte legen.

- Besprühen Sie den Korb der Heißluftfritteuse mit etwas Speiseölspray. Legen Sie die Calamari in den Korb und achten Sie darauf, sie nicht zu sehr zu verdrängen.

- Stellen Sie die Temperatur auf 375° Fahrenheit und den Timer auf 11 Minuten ein.

- Schütteln Sie den Korb während des Garvorgangs zweimal, um eventuell anhaftende Ringe zu lösen.

- Aus dem Korb nehmen, mit der Sauce übergießen und für weitere zwei Minuten in die Fritteuse geben.
- Nach Belieben mit zusätzlicher Sauce servieren.
- Bereiten Sie die Soße zu, indem Sie Honig und Sriracha in einer kleinen Schüssel vermischen, bis sie vollständig kombiniert sind.

**Ernährung:**

Kalorien: 210

Kohlenhydrate: 5 g

Fett: 12 g

Eiweiß: 19 g

# Lachskroketten

**Zubereitungszeit:** 5 Minuten

**Kochzeit:** 10 Minuten

**Portionen:** 4

**Zutaten:**

1. Rotlachs: 1 lb. Dose

2. Semmelbrösel: 1 Tasse

3. Pflanzenöl: 0,33 Tasse

4. Gehackte Petersilie: die Hälfte von 1 Bund

5. Eier: 2

**Wegbeschreibung:**

- Stellen Sie die Heißluftfritteuse auf 392º Fahrenheit ein.
- Lassen Sie den Lachs abtropfen und pürieren Sie ihn. Verquirlen und die Eier und Petersilie hinzufügen.
- Mischen Sie in einer anderen Schüssel das Paniermehl und das Öl.
- Bereiten Sie aus der Semmelbröselmischung 16 Kroketten zu.
- Für sieben Minuten in den vorgeheizten Frittierkorb legen.
- Servieren.

**Ernährung:**

Kalorien: 240

Kohlenhydrate: 7 g

Fett: 16 g

Eiweiß: 30 g

# Scharfer Kabeljau

**Zubereitungszeit:** 5 Minuten

**Kochzeit:** 10 Minuten

**Portionen:** 4

**Zutaten:**

1. 4 Kabeljaufilets; ohne Gräten
2. 2 Esslöffel verschiedene Chilischoten
3. 1 Zitrone; in Scheiben geschnitten

4. Saft von 1 Zitrone

5. Salz und schwarzer Pfeffer nach Geschmack

**Wegbeschreibung:**

Mischen Sie den Kabeljau in Ihrer Heißluftfritteuse mit
der Chilischote, dem Zitronensaft, Salz und Pfeffer
Die Zitronenscheiben darauf anrichten und bei 360°F
10 Minuten garen. Die Filets auf Teller verteilen und
servieren.

**Ernährung:**

Kalorien: 250

Kohlenhydrate: 13 g

Fett: 13 g

Eiweiß: 29 g

# Luftgebratene Hummerschwänze

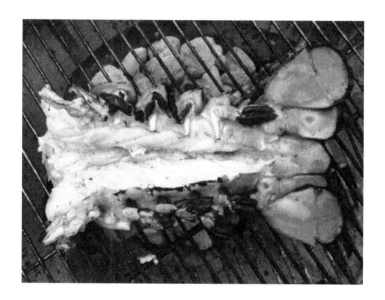

**Zubereitungszeit:** 5 Minuten

**Kochzeit:** 10 Minuten

**Portionen:** 2

**Zutaten:**

- 2 Esslöffel ungesalzene Butter, geschmolzen
- 1 Esslöffel gehackter Knoblauch
- 1 Teelöffel Salz
- 1 Esslöffel gehackter frischer Schnittlauch
- 2 (4- bis 6-Unzen) gefrorene Hummerschwänze

**Wegbeschreibung:**

1. Vorbereiten der Zutaten

2. Geben Sie die Butter, den Knoblauch, das Salz und den Schnittlauch in eine Schüssel und mischen Sie sie.

3. Schmetterling den Hummerschwanz: Beginnen Sie am fleischigen Ende des Schwanzes und schneiden Sie mit einer Küchenschere die Mitte der oberen Schale ab.

4. Halten Sie an, wenn Sie den aufgefächerten, breiten Teil des Schwanzes erreichen. Spreizen Sie das Fleisch und die Schale entlang der Schnittlinie vorsichtig auseinander, aber lassen Sie das Fleisch dort, wo es an den breiten Teil des Schwanzes anschließt, befestigt. Lösen Sie mit der Hand vorsichtig das Fleisch vom Boden der Schale.

5. Heben Sie das Fleisch nach oben und aus der Schale heraus (lassen Sie es am breiten Ende befestigt). Schließen Sie die Schale unter dem Fleisch, so dass das Fleisch auf der Oberseite der Schale ruht.

6. Legen Sie den Hummer in den Frittierkorb und bestreichen Sie das Fleisch großzügig mit der Buttermischung.

7. Luftfritieren. Stellen Sie die Temperatur Ihres AF auf 380°F ein. Stellen Sie den Timer ein und dämpfen Sie für 4 Minuten.

8. Öffnen Sie die Heißluftfritteuse und drehen Sie die Hummerschwänze. Bestreichen Sie sie mit mehr von der Buttermischung. Setzen Sie den Timer zurück und dämpfen Sie weitere 4 Minuten. Der Hummer ist fertig, wenn das Fleisch undurchsichtig ist.

**Ernährung:**

Kalorien: 255;

Fett: 13g;

Kohlenhydrate: 2g;

Eiweiß: 32g;

Natrium: 1453mg

# Air Fryer Lachs

**Zubereitungszeit:** 5 Minuten

**Kochzeit:** 10 Minuten

**Portionen:** 2

**Zutaten:**

- ½ Teelöffel Salz
- ½ Teelöffel Knoblauchpulver
- ½ Teelöffel geräucherter Paprika
- Lachs

**Wegbeschreibung:**

1. Bereiten Sie die Zutaten vor. Mischen Sie die Gewürze zusammen und bestreuen Sie den Lachs damit. Gewürzten Lachs in die Heißluftfritteuse legen.

2. Frittieren an der Luft. Schließen Sie den Knusperdeckel. Stellen Sie die Temperatur auf 400°F und die Zeit auf 10 Minuten ein.

**Ernährung:**

Kalorien: 185;

Fett: 11g;

Eiweiß:21g;

Zucker:0g

# Einfache Jakobsmuscheln

**Zubereitungszeit:** 5 Minuten

**Kochzeit:** 5 Minuten

**Portionen:** 4

**Zutaten:**

- 12 mittlere Jakobsmuscheln
- 1 Teelöffel feines Meersalz
- gemahlener schwarzer Pfeffer nach Belieben
- Frische Thymianblätter, zum Garnieren (optional)

**Wegbeschreibung:**

1. Bereiten Sie die Zutaten vor. Fetten Sie den Korb der Luftfritteuse mit Avocadoöl ein. Heizen Sie die Heißluftfritteuse auf 390°F vor. Spülen Sie die Jakobsmuscheln ab und tupfen Sie sie vollständig trocken. Sprühen Sie die Jakobsmuscheln mit Avocadoöl ein und würzen Sie sie mit Salz und Pfeffer.

2. Luftfritieren. Legen Sie die Jakobsmuscheln mit etwas Abstand in den Korb der Fritteuse (wenn Sie eine kleinere Fritteuse verwenden, arbeiten Sie bei Bedarf in mehreren Chargen). Wenden Sie die Jakobsmuscheln nach 2 Minuten Garzeit und garen Sie sie weitere 2 Minuten oder bis sie durchgebraten und nicht mehr glasig sind. Mit gemahlenem schwarzen Pfeffer und Thymianblättern garnieren, falls gewünscht. Am besten frisch servieren.

**Ernährung:**

Kalorien: 170

Kohlenhydrate: 8 g

Fett: 11 g

Eiweiß: 17 g

# 3-Zutaten-Luftfriteuse Wels

**Zubereitungszeit:** 5 Minuten

**Kochzeit:** 15 Minuten

**Portionen:** 4

**Zutaten:**

- 1 Esslöffel gehackte Petersilie
- 1 Esslöffel Olivenöl
- ¼ C. gewürzte Fischbratlinge
- 4 Welsfilets

**Wegbeschreibung:**

1. Bereiten Sie die Zutaten vor. Stellen Sie sicher, dass Ihre Luftfritteuse auf 400 Grad vorgeheizt ist.

2. Spülen Sie die Welsfilets ab und tupfen Sie sie trocken. Füllen Sie das Fischbratgewürz in den Ziploc-Beutel, dann den Wels. Den Beutel schütteln und sicherstellen, dass der Fisch gut bedeckt ist. Jedes Filet mit Olivenöl besprühen. Füllen Sie die Filets in den Frittierkorb.

3. Frittieren an der Luft. Stellen Sie die Temperatur auf 400°F und die Zeit auf 10 Minuten ein. 10 Minuten garen. Dann umdrehen und weitere 2-3 Minuten garen.

**Ernährung:**

Kalorien: 208;

Fett: 5g;

Eiweiß:17g;

Zucker:0,5g

# Wels in Pekannusskruste

**Zubereitungszeit:** 5 Minuten

**Kochzeit:** 12 Minuten

**Portionen:** 4

**Zutaten:**

- ½ Tasse Pekannussmehl
- 1 Teelöffel feines Meersalz
- ¼ Teelöffel gemahlener schwarzer Pfeffer
- 4 (4 Unzen) Welsfilets
- ZUM GARNIEREN (OPTIONAL):
- Frischer Oregano

**Wegbeschreibung:**

1. Bereiten Sie die Zutaten vor. Fetten Sie den Korb der Heißluftfritteuse mit Avocadoöl ein. Heizen Sie die Fritteuse auf 375°F vor. Mischen Sie in einer großen Schüssel das Pekannussmehl, Salz und Pfeffer. Bestreuen Sie die Welsfilets nacheinander mit der Mischung, sodass sie gut bedeckt sind. Drücken Sie das Pekannussmehl mit den Händen in die Filets. Besprühen Sie die Fische mit Avocadoöl und legen Sie sie in den Korb der Fritteuse.

2. Luftbraten. Garen Sie den beschichteten Wels 12 Minuten lang, oder bis er leicht flockig und in der Mitte nicht mehr durchscheinend ist, und wenden Sie ihn nach der Hälfte der Zeit. Mit Oregano-Zweigen und Pekannusshälften garnieren, falls gewünscht.

**Ernährung:**

Kalorien 162;

Fett 11g;

Eiweiß 17g;

Kohlenhydrate gesamt 1g;

Faser 1g

# Fliegender Fisch

**Zubereitungszeit:** 5 Minuten

**Kochzeit:** 12 Minuten

**Portionen:** 4

**Zutaten:**

- Esslöffel Öl
- 3-4 oz Semmelbrösel
- 1 verquirltes Vollei in einer Untertasse/Suppenteller
- 4 frische Fischfilets
- Frische Zitrone (zum Servieren)

**Wegbeschreibung:**

1. Bereiten Sie die Zutaten vor. Heizen Sie die Heißluftfritteuse auf 350° F auf. Mischen Sie die Krümel und das Öl, bis es schön locker aussieht. Tauchen Sie den Fisch in das Ei und bestreichen Sie ihn leicht, dann gehen Sie zu den Krümeln über. Achten Sie darauf, dass das Filet gleichmäßig bedeckt ist.

2. Luftfritieren. Garen Sie im Korb der Luftfritteuse für etwa 12 Minuten: je nach Größe der verwendeten Filets. Mit frischer Zitrone und Pommes frites servieren, um das Duo zu vervollständigen.

**Ernährung:**

Kalorien: 180

Kohlenhydrate: 9 g

Fett: 12 g

Eiweiß: 19 g

# Fisch-Tacos aus der Fritteuse

**Zubereitungszeit:** 5 Minuten

**Kochzeit:** 15 Minuten

**Portionen:** 4

**Zutaten:**

- 1 Pfund Kabeljau
- 1 Esslöffel Kreuzkümmel
- ½ Esslöffel Chilipulver
- 1 ½ C. Kokosnussmehl
- 10 Unzen mexikanisches Bier

- 2 Eier

**Wegbeschreibung:**

1. Bereiten Sie die Zutaten vor. Bier und Eier miteinander verquirlen. Mehl, Pfeffer, Salz, Kreuzkümmel und Chilipulver miteinander verquirlen. Kabeljau in große Stücke schneiden und in der Eiermischung und dann in der Mehlmischung wenden.

2. Luftfritieren. Besprühen Sie den Boden des Frittierkorbs mit Olivenöl und geben Sie die beschichteten Kabeljau-Stücke hinein. 15 Minuten bei 375 Grad garen.

3. Auf Salatblättern servieren und mit hausgemachter Salsa garnieren.

**Ernährung:**

Kalorien: 178;

Kohlenhydrate:61g;

Fett:10g;

Eiweiß:19g;

Zucker:1g

# Jakobsmuscheln im Speckmantel

**Zubereitungszeit:** 5 Minuten

**Kochzeit:** 5 Minuten

**Portionen:** 4

**Zutaten:**

- 1 Teelöffel Paprika
- 1 Teelöffel Zitronenpfeffer
- 5 Scheiben mittig geschnittener Speck
- 20 rohe Jakobsmuscheln

**Wegbeschreibung:**

1. Bereiten Sie die Zutaten vor. Spülen Sie die Jakobsmuscheln ab, lassen Sie sie abtropfen und legen Sie sie auf Papiertücher, um überschüssige Feuchtigkeit aufzusaugen. Schneiden Sie die Speckscheiben in 4 Stücke. Jede Jakobsmuschel mit einem Stück Speck umwickeln, dann mit Zahnstochern befestigen. Die eingewickelten Jakobsmuscheln mit Paprika und Zitronenpfeffer bestreuen.

2. Luftfritieren. Sprühen Sie den Korb der Luftfritteuse mit Olivenöl ein und geben Sie die Jakobsmuscheln hinein.

3. 5-6 Minuten bei 400 Grad backen, dabei nach der Hälfte der Zeit wenden.

**Ernährung:**

Kalorien: 389;

Kohlenhydrate:63g;

Fett:17g;

Eiweiß:21g;

Zucker:1g

# Schnell gebratener Wels

**Zubereitungszeit:** 5 Minuten

**Kochzeit:** 15 Minuten

**Portionen:** 4

**Zutaten:**

- 3/4 Tassen Original Bisquick™-Mischung
- 1/2 Tasse gelbes Maismehl
- 1 Esslöffel Meeresfrüchtegewürz
- 4 Welsfilets (je 4-6 oz.)
- 1/2 Tasse Ranch-Dressing

Wegbeschreibung:

1. Vorbereiten der Zutaten.

2. Mischen Sie in einer Schüssel die Bisquick-Mischung, das Maismehl und das Meeresfrüchtegewürz zusammen. Tupfen Sie die Filets trocken und bestreichen Sie sie dann mit Ranch-Dressing. Drücken Sie die Filets auf beiden Seiten in die Bisquick-Mischung, bis das Filet gleichmäßig bedeckt ist.

3. Frittieren an der Luft.

4. In der Heißluftfritteuse bei 360 Grad 15 Minuten garen, die Filets nach der Hälfte der Zeit wenden. Servieren.

**Ernährung:**

Kalorien: 372;

Fett:16g;

Eiweiß:28g;

Faser:1.7g

# Luftgebratene Kräutergarnele

**Zubereitungszeit:** 2 Minuten

**Kochzeit:** 5 Minuten

**Portionen:** 4

**Zutaten:**

- Ein ¼ Pfund Garnelen, geschält und entdarmt
- ½ Teelöffel Paprika
- Ein Esslöffel Olivenöl
- ¼ Cayennepfeffer
- ½ Teelöffel Old Bay Gewürz

**Wegbeschreibung:**

1. Heizen Sie die Heißluftfritteuse auf 400°Fahrenheit vor. Mischen Sie alle Zutaten in einer Schüssel. Geben Sie die gewürzten Garnelen in den Korb der Fritteuse und garen Sie sie 5 Minuten lang.

**Ernährung:**

Kalorien: 300

Fett gesamt: 9.3g

Kohlenhydrate: 8.2g

Eiweiß: 14.6g

# Cremiger Lachs aus der Fritteuse

**Zubereitungszeit:** 5 Minuten

**Kochzeit:** 10 Minuten

**Portionen:** 2

**Zutaten:**

- ¾ lb. Lachs, in sechs Stücke geschnitten
- ¼ Tasse Naturjoghurt
- Ein Esslöffel Dill, gehackt
- Drei Esslöffel leichte saure Sahne
- Ein Esslöffel Olivenöl

**Wegbeschreibung:**

1. Würzen Sie den Lachs mit Salz und legen Sie ihn in eine Fritteuse. Beträufeln Sie den Lachs mit Olivenöl. Den Lachs bei 285° Fahrenheit luftfritieren und 10 Minuten lang garen. Dill, Joghurt, saure Sahne und etwas Salz (optional) mischen. Den Lachs auf einer Servierplatte anrichten und mit der cremigen Sauce beträufeln.

**Ernährung:**

Kalorien: 289

Fett gesamt: 9.8g

Kohlenhydrate: 8,6

Eiweiß: 14.7g

# Gegrillte Limetten-Garnele

**Zubereitungszeit:** 5 Minuten

**Kochzeit:** 15 Minuten

**Portionen:** 4

**Zutaten:**

- 4 Tassen Garnelen

- 1 ½ Tassen Barbeque-Sauce

- Eine frische Limette, in Viertel geschnitten

**Wegbeschreibung:**

1. Heizen Sie Ihre Heißluftfritteuse auf 360°Fahrenheit vor. Geben Sie die Garnelen in eine Schüssel mit Barbecue-Sauce. Vorsichtig umrühren. Lassen Sie die Garnelen mindestens 5 Minuten lang marinieren. Geben Sie die Garnelen in die Heißluftfritteuse und garen Sie sie 15 Minuten lang. Nehmen Sie die Garnelen aus der Fritteuse und drücken Sie die Limette über den Garnelen aus.

**Ernährung:**

Kalorien: 289,

Fett gesamt: 9,8 g,

Kohlenhydrate: 8.7g,

Eiweiß: 14,9g

# Pikanter luftgefrorener Käse-Tilapia

**Zubereitungszeit:** 5Minuten

**Kochzeit:** 10 Minuten

**Portionen:** 4

**Zutaten:**

- 1 lb. Tilapia-Filets
- Ein Esslöffel Olivenöl
- Salz und Pfeffer nach Geschmack
- Zwei Teelöffel Paprika
- ¾ Tasse Parmesankäse, gerieben

**Wegbeschreibung:**

1. Heizen Sie Ihre Heißluftfritteuse auf 400°Fahrenheit vor. Mischen Sie den Parmesankäse, Paprika, Salz und Pfeffer. Beträufeln Sie die Tilapia-Filets mit Olivenöl und bestreichen Sie sie mit der Paprika-Käse-Mischung. Legen Sie die beschichteten Tilapia-Filets auf Alufolie. In die Heißluftfritteuse geben und 10 Minuten lang garen.

**Ernährung:**

Kalorien: 289,

Fett gesamt: 8,9 g,

Kohlenhydrate: 7.8g,

Eiweiß: 14,9g

# Käse Lachs

**Zubereitungszeit:** 4 Minuten

**Kochzeit:** 11 Minuten

**Portionen:** 6

**Zutaten:**

- 2 lbs. Lachsfilet
- Salz und Pfeffer nach Geschmack
- ½ Tasse Parmesankäse, gerieben
- ¼ Tasse Petersilie, frisch, gehackt
- Zwei Knoblauchzehen, gehackt

**Wegbeschreibung:**

1. Heizen Sie Ihre Heißluftfritteuse auf 350°Fahrenheit vor. Legen Sie den Lachs mit der Hautseite nach unten auf Aluminiumfolie und decken Sie ihn mit einem weiteren Stück Folie ab. Garen Sie den Lachs 10 Minuten lang. Nehmen Sie den Lachs aus der Folie und belegen Sie ihn mit gehacktem Knoblauch, Petersilie, Parmesan und Pfeffer. Bringen Sie den Lachs für 1 Minute in die Fritteuse zurück.

**Ernährung:**

Kalorien: 297,

Fett gesamt: 9,5 g,

Kohlenhydrate: 8.3g,

Eiweiß: 14,9g

# Gebackener Lachs & Spargel aus der Heißluftfritteuse

**Zubereitungszeit:** 5 Minuten

**Kochzeit:** 15 Minuten

**Portionen:** 4

**Zutaten:**

- Vier Lachsfilets

- Vier Spargel
- Zwei Esslöffel Butter
- Drei Zitronen, in Scheiben geschnitten
- Salz und Pfeffer nach Geschmack

**Wegbeschreibung:**

1. Heizen Sie die Heißluftfritteuse auf 300°Fahrenheit vor. Nehmen Sie vier Stücke Alufolie. Spargel, Saft einer halben Zitrone, Pfeffer und Salz in eine Schüssel geben und durchschwenken. Den gewürzten Spargel gleichmäßig auf vier Alufolienstücke verteilen. Ein Lachsfilet auf den Spargel legen. Einige Zitronenscheiben auf die Lachsfilets legen. Folie fest zusammenfalten, um das Päckchen zu verschließen. In einen Frittierkorb legen und 15 Minuten lang garen. Warm servieren.

**Ernährung:**

Kalorien: 291,

Fett gesamt: 16g,

Kohlenhydrate: 1g,

Eiweiß: 35g

# Parmesan gebackener Lachs

**Zubereitungszeit:** 5 Minuten

**Kochzeit:** 11 Minuten

**Portionen:** 5

**Zutaten:**

- 2 lbs. frisches Lachsfilet
- Salz und Pfeffer nach Geschmack
- ½ Tasse Parmesankäse, gerieben
- ¼ Tasse frische Petersilie, gehackt
- Zwei Knoblauchzehen, gehackt

**Wegbeschreibung:**

1. Heizen Sie die Heißluftfritteuse auf 300°Fahrenheit vor. Legen Sie etwas Lachs mit der Hautseite nach unten auf Folie und decken Sie ihn mit weiterer Folie ab. Backen Sie den Lachs im Korb der Luftfritteuse 10 Minuten lang. Öffnen Sie die Folie und belegen Sie den Lachs mit Käse, Knoblauch, Pfeffer, Salz und Petersilie. Für eine weitere Minute in die Fritteuse geben.

**Ernährung:**

Kalorien: 267,

Fett gesamt: 12g,

Kohlenhydrate: 6g,

Eiweiß: 37g

# Gegrillte Garnelen

**Zubereitungszeit:** 5 Minuten

**Kochzeit:** 15 Minuten

**Portionen:** 4

**Zutaten:**

- Acht mittlere Garnelen
- Salz und Pfeffer nach Geschmack
- Drei Knoblauchzehen, gehackt
- Ein Esslöffel Butter, geschmolzen
- Ein Zweig Rosmarin

**Wegbeschreibung:**

1. Geben Sie die Zutaten in eine Schüssel und schwenken Sie sie gut. Die marinierten Garnelen in den Korb der Heißluftfritteuse geben und bei 300°Fahrenheit 7 Minuten lang garen. Heiß servieren!

**Ernährung:**

Kalorien: 137,

Fett gesamt: 4g,

Kohlenhydrate: 3g,

Eiweiß: 20g

# Pesto Jakobsmuscheln

**Zubereitungszeit:** 10 Minuten

**Kochzeit:** 7 Minuten

**Portionen:** 4

**Zutaten:**

- 1 lb. Jakobsmuscheln
- 3 Esslöffel schwere Sahne
- 1/4 Tasse Basilikum-Pesto
- 1 Esslöffel Olivenöl
- Salz und Pfeffer

**Wegbeschreibung:**

1. Sprühen Sie den mehrstufigen Luftfritierkorb der Fritteuse mit Kochspray ein.

2. Jakobsmuscheln mit Pfeffer und Salz würzen und in den Fritteusenkorb geben und den Korb in die Fritteuse stellen.

3. Den Topf mit dem Deckel der Luftfritteuse verschließen und den Luftfritiermodus auswählen, dann die Temperatur auf 320 F und den Timer für 5 Minuten einstellen. Wenden Sie die Jakobsmuscheln nach 3 Minuten.

4. In der Zwischenzeit in einer kleinen Pfanne das Olivenöl bei mittlerer Hitze erhitzen. Pesto und Sahne hinzufügen und 2 Minuten lang kochen. Vom Herd nehmen.

5. Jakobsmuscheln in den Mixtopf geben. Pesto-Sauce über die Jakobsmuscheln gießen und gut durchschwenken.

6. Servieren und genießen.

**Ernährung:**

Kalorien 171

Fett 8,5 g

Kohlenhydrate 3,5 g

Zucker 0 g

Eiweiß 19,4 g

Cholesterin 53 mg

# Cremige Parmesan-Garnelen

**Zubereitungszeit:** 10 Minuten

**Kochzeit**: 5 Minuten

**Portionen:** 4

**Zutaten:**

- 1 Pfund Garnele, entdarmt und gesäubert
- 1 Unze Parmesankäse, gerieben
- 1 Esslöffel Knoblauch, gehackt
- 1 Esslöffel Zitronensaft
- 1/4 Tasse Salatdressing

**Wegbeschreibung:**

1. Sprühen Sie den mehrstufigen Luftfritierkorb der Fritteuse mit Kochspray ein.

2. Geben Sie die Garnelen in den Fritteusenkorb und stellen Sie den Korb in die Fritteuse.

3. Verschließen Sie den Topf mit dem Deckel der Luftfritteuse und wählen Sie den Luftfritiermodus, stellen Sie die Temperatur auf 400 F und den Timer auf 5 Minuten ein.

4. Shrimps in den Mixtopf geben. Die restlichen Zutaten über die Garnelen geben und 1 Minute lang umrühren.

5. Servieren und genießen.

**Ernährung:**

Kalorien 219

Fett 8,4 g

Kohlenhydrate 6,3 g

Zucker 1 g

Eiweiß 28,4 g

Cholesterin 248 mg

# Leckerer Knoblauchbutter-Lachs

**Zubereitungszeit:** 10 Minuten

**Kochzeit:** 7 Minuten

**Portionen:** 4

**Zutaten:**

- 1 lb. Lachsfilets
- 2 Esslöffel Knoblauch, gehackt
- 1/4 Tasse Parmesankäse, gerieben
- 1/4 Tasse Butter, geschmolzen
- Salz und Pfeffer

**Wegbeschreibung:**

1. Lachs mit Pfeffer und Salz würzen.
2. Mischen Sie in einer Schüssel Butter, Käse und Knoblauch zusammen und bestreichen Sie die Lachsfilets damit.
3. Legen Sie das Dörrblech in einen mehrstufigen Fritteusenkorb und stellen Sie den Korb in die Fritteuse.
4. Legen Sie die Lachsfilets auf das Dörrblech.

5. Verschließen Sie den Topf mit dem Deckel der Luftfritteuse und wählen Sie den Luftfritiermodus, stellen Sie die Temperatur auf 400 F und den Timer auf 7 Minuten ein.
6. Servieren und genießen.

**Ernährung:**

Kalorien 277

Fett 19,8 g

Kohlenhydrate 1,7 g

Zucker 0,1 g

Eiweiß 24,3 g

Cholesterin 85 mg

# Lachs mit Meerrettich

**Zubereitungszeit:** 10 Minuten

**Kochzeit:** 7 Minuten

**Portionen:** 2

**Zutaten:**

- Lachsfilets
- 1/4 Tasse Semmelbrösel
- 2 Esslöffel Olivenöl
- 1 Esslöffel Meerrettich
- Salz und Pfeffer

**Wegbeschreibung:**

1. Legen Sie das Dörrblech in einen mehrstufigen Fritteusenkorb und stellen Sie den Korb in die Fritteuse.

2. Legen Sie die Lachsfilets auf das Dörrblech.

3. In einer kleinen Schüssel Semmelbrösel, Öl, Meerrettich, Pfeffer und Salz vermengen und über die Lachsfilets verteilen.

4. Verschließen Sie den Topf mit dem Deckel der Luftfritteuse und wählen Sie den Luftfritiermodus, stellen Sie die Temperatur auf 400 F und den Timer auf 7 Minuten ein.

5. Servieren und genießen.

**Ernährung:**

Kalorien 413

Fett 25,8 g

Kohlenhydrate 10,6 g

Zucker 1,4 g

Eiweiß 36,4 g

Cholesterin 78 mg

# Pesto-Garnele

**Zubereitungszeit:** 10 Minuten

**Kochzeit:** 5 Minuten

**Portionen:** 6

**Zutaten:**

- 1 Pfund Shrimps, aufgetaut
- 14 oz Basilikum-Pesto

**Wegbeschreibung:**

1. Garnelen und Pesto in den Mixtopf geben und gut durchschwenken.
2. Sprühen Sie den mehrstufigen Luftfritierkorb der Fritteuse mit Kochspray ein.

3. Geben Sie die Garnelen in den Fritteusenkorb und stellen Sie den Korb in die Fritteuse.

4. Verschließen Sie den Topf mit dem Deckel der Luftfritteuse und wählen Sie den Luftfritiermodus, stellen Sie die Temperatur auf 400 F und den Timer auf 5 Minuten ein.

5. Servieren und genießen.

**Ernährung:**

Kalorien 105

Fett 1,7 g

Kohlenhydrate 2,9 g

Zucker 0,2 g

Eiweiß 19,3 g

Cholesterin 159 mg

# Knoblauch-Butter-Garnele

**Zubereitungszeit:** 10 Minuten

**Kochzeit:** 10 Minuten

**Portionen:** 4

**Zutaten:**

- 1 Pfund Garnele, geschält und entdarmt
- 2 Esslöffel Olivenöl
- 1/4 Tasse Butter, geschmolzen
- 4 Esslöffel Knoblauch, gehackt
- Salz und Pfeffer

**Wegbeschreibung:**

1. Garnelen in den Mixtopf geben. Die restlichen Zutaten hinzufügen und gut durchschwenken.

2. Legen Sie den mehrstufigen Luftfritierkorb der Fritteuse mit Alufolie aus.

3. Geben Sie die Garnelen in den Fritteusenkorb und stellen Sie den Korb in die Fritteuse.

4. Den Topf mit dem Deckel der Luftfritteuse verschließen und den Luftfritiermodus auswählen, dann die Temperatur auf 400 F und den Timer für 10 Minuten einstellen. Nach der Hälfte der Zeit umrühren.

5. Servieren und genießen.

**Ernährung:**

Kalorien 309

Fett 20,5 g

Kohlenhydrate 4,5 g

Zucker 0,1 g

Eiweiß 26,5 g

Cholesterin 269 mg

# 30-Tage-Mahlzeitenplan

| Tag | Frühstück | Mittagessen/Abendessen | Dessert |
|---|---|---|---|
| 1 | Krabbenbratpfanne | Spinat-Röllchen | Matcha-Krepp-Torte |
| 2 | Kokosnuss-Joghurt mit Chia-Samen | Ziegenkäse Fold-Overs | Kürbis Gewürze Mini Pies |
| 3 | Chia-Pudding | Krepptorte | Nuss-Riegel |
| 4 | Ei-Fett-Bomben | Kokosnuss-Suppe | Pfundskuchen |
| 5 | Morgen "Grits" | Fisch Tacos | Tortilla-Chips mit Zimt Rezept |
| 6 | Scotch-Eier | Cobb-Salat | Granola Joghurt mit Beeren |
| 7 | Speck Sandwich | Käsesuppe | Beeren-Sorbet |
| 8 | Noatmeal | Thunfisch-Tartar | Kokosnuss-Beeren-Smoothie |
| 9 | Frühstücksauflauf mit Fleisch | Clam Chowder | Kokosnuss-Milch-Bananen-Smoothie |
| 10 | Frühstücks-Bagel | Asiatischer Rindfleischsalat | Mango-Ananas-Smoothie |
| 11 | Ei und Gemüse Hash | Keto Carbonara | Himbeere Grüner Smoothie |
| 12 | Cowboy Bratpfanne | Blumenkohlsuppe mit Saaten | Beladener Beeren-Smoothie |
| 13 | Feta-Quiche | In Prosciutto eingewickelter Spargel | Papaya Banane und Grünkohl Smoothie |
| 14 | Speck Pfannkuchen | Gefüllte Paprikaschoten | Grüner Orangen-Smoothie |
| 15 | Waffeln | Gefüllte Auberginen mit Ziegenkäse | Double Berries Smoothie |
| 16 | Schoko-Shake | Korma Curry | Energizing Protein |

| | | | Bars |
|---|---|---|---|
| 17 | Eier in Portobello-Pilzhüten | Zucchini-Riegel | Süße und nussige Brownies |
| 18 | Matcha-Fettbomben | Pilzsuppe | Keto Macho Nachos |
| 19 | Keto Smoothie Schüssel | Gefüllte Portobello-Pilze | Erdnussbutter-Schoko-Bananen-Gelato mit Minze |
| 20 | Lachs-Omelette | Kopfsalat | Zimt Pfirsiche und Joghurt |
| 21 | Hash Brown | Zwiebelsuppe | Birne-Minze-Honig-Eis am Stiel |
| 22 | Schwarzer Knaller-Auflauf | Spargelsalat | Orange und Pfirsiche Smoothie |
| 23 | Speck Tassen | Blumenkohl Tabbouleh | Kokosnuss-Gewürz-Apfel-Smoothie |
| 24 | Spinat-Eier und Käse | Rindfleisch Salpicao | Süßer und nussiger Smoothie |
| 25 | Taco Wraps | Gefüllte Artischocke | Ingwer-Beeren-Smoothie |
| 26 | Kaffee Donuts | Spinat-Röllchen | Vegetarierfreundlicher Smoothie |
| 27 | Ei gebackenes Omelett | Ziegenkäse Fold-Overs | ChocNut Smoothie |
| 28 | Ranch-Risotto | Krepptorte | Kokos-Erdbeer-Smoothie |
| 29 | Scotch-Eier | Kokosnuss-Suppe | Ei Spinat Beeren Smoothie |
| 30 | Spiegeleier | Fisch Tacos | Cremiger Dessert-Smoothie |

# Fazit

Danke, dass Sie es bis zum Ende dieses Buches geschafft haben. Eine Luftfritteuse ist eine relativ neue Ergänzung in der Küche, und es ist leicht zu sehen, warum die Leute begeistert sind, sie zu benutzen. Mit einer Luftfritteuse können Sie in Minutenschnelle knusprige Pommes frites, Chicken Wings, Hähnchenbrüste und Steaks zubereiten. Es gibt viele leckere Gerichte, die Sie zubereiten können, ohne Öl oder Fett zu verwenden. Achten Sie auch hier darauf, die Anleitung Ihrer Luftfritteuse zu lesen und die Regeln für die richtige Verwendung und Wartung zu befolgen. Sobald Ihre Luftfritteuse in gutem Zustand ist, können Sie wirklich kreativ werden und anfangen, Ihren Weg zu gesundem Essen, das großartig schmeckt, zu experimentieren.

Das war's! Herzlichen Dank!

CPSIA information can be obtained
at www.ICGtesting.com
Printed in the USA
LVHW021928170221
679360LV00002B/93